AF187992

Impressum
Verlag: BABADADA GmbH, Nedderfeld 112 , 22529 Hamburg
Geschäftsführer / Verlagsleitung: Harald Hof
Druck: Books on Demand GmbH, In de Tarpen 42, 22848 Norderstedt

Imprint
Publisher: BABADADA GmbH, Nedderfeld 112 , 22529 Hamburg, Germany
Managing Director / Publishing direction: Harald Hof
Print: Books on Demand GmbH, In de Tarpen 42, 22848 Norderstedt, Germany

iskola
škola

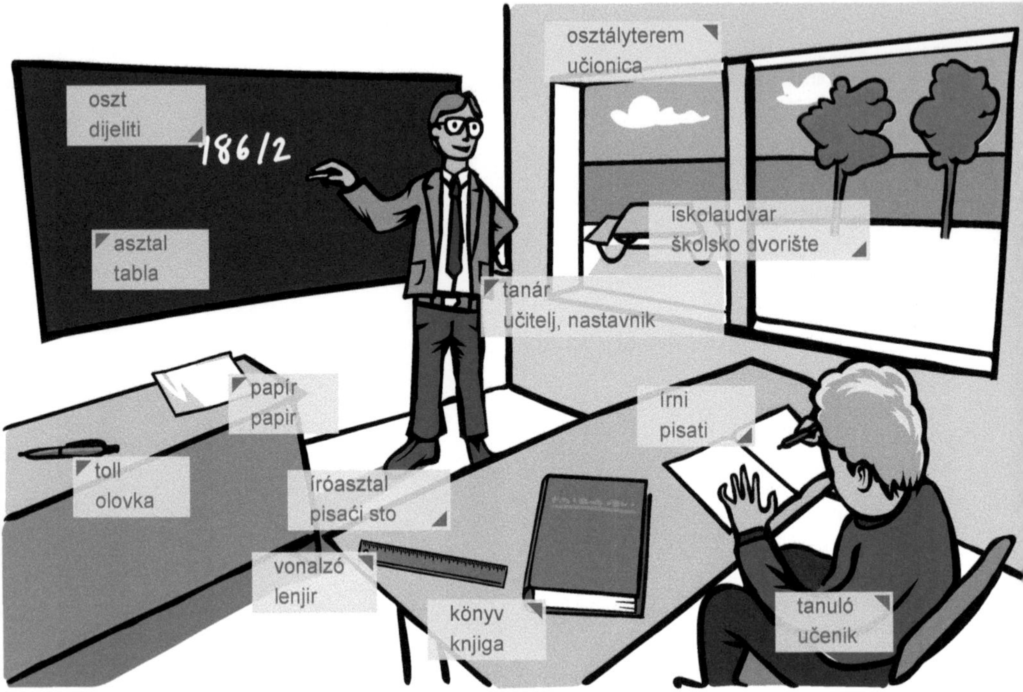
osztálYterem
učionica
oszt
dijeliti
186/2
asztal
tabla
iskolaudvar
školsko dvorište
tanár
učitelj, nastavnik
papír
papir
írni
pisati
toll
olovka
íróasztal
pisaći sto
vonalzó
lenjir
könyv
knjiga
tanuló
učenik

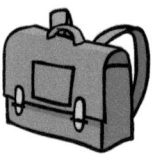

iskolatáska

torba

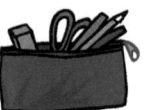

tolltartó

pernica

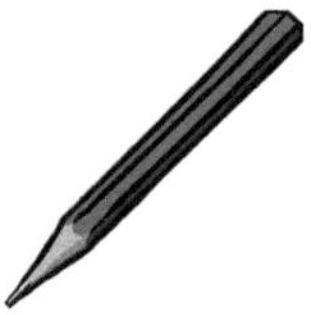

ceruza

drvena olovka

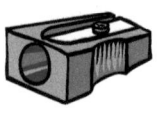

ceruzahegyező

šiljalo za olovke

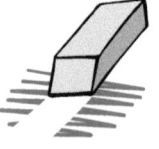

radír

gumica

rajzfüzet

blok za crtanje

rajz
crtež

ecset
kist

festőkészlet
kutija s bojama

olló
makaze

ragasztó
ljepilo

munkafüzet
vježbanka

házi feladat
domaća zadaća

12

szám
broj

2+2

összead
sabirati

5-2

kivon
oduzimati

2×2

szoroz
množiti

számol
računati

A

betű
slovo

ABCDEFG
HIJKLMN
OPQRSTU
VWXYZ

ABC
abeceda

szó
riječ

szöveg
tekst

olvasni
čitati

kréta
kreda

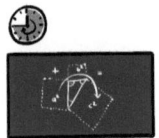

tanóra
sat

napló
školski dnevnik

vizsga
ispit

bizonyítvány
svjedočanstvo

iskolai egyenruha
školska uniforma

oktatás
izobrazba

enciklopédia
leksikon

egyetem
univerzitet

mikroszkóp
mikroskop

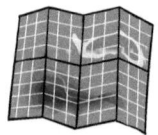

térkép
karta

papír-hulladék gyűjtő
korpa za papir

utazás

putovanje

hotel
hotel
Grand
szállás
hostel
ROOMS
valutaváltó iroda
mjenjačnica
EXCHANGE
bőrönd
kofer
autó
auto

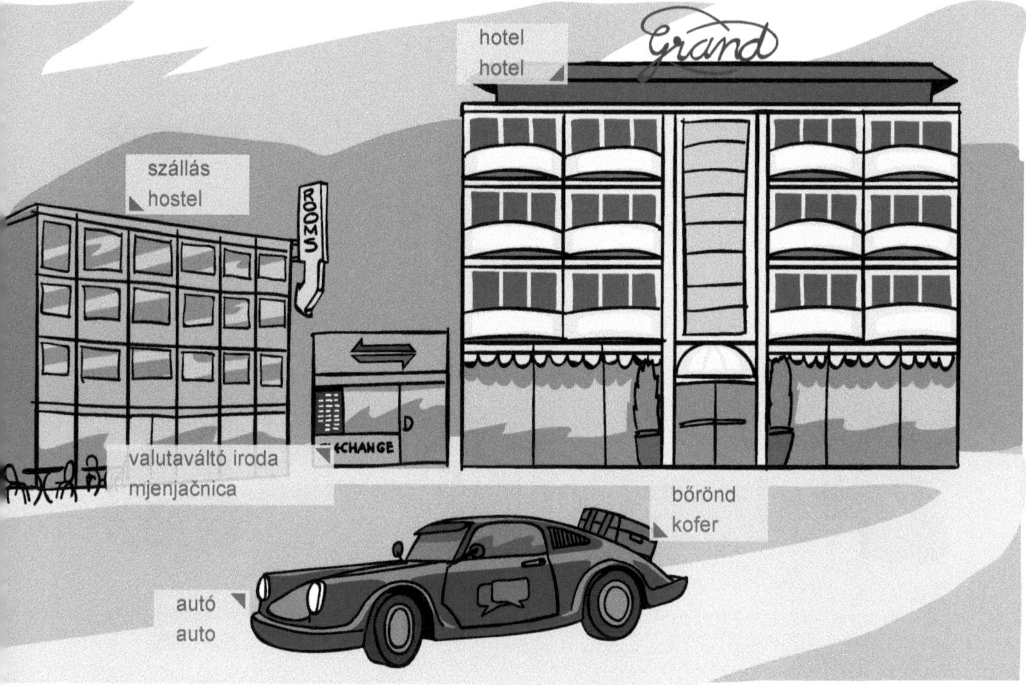

nyelv

jezik

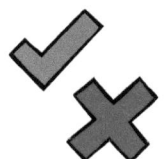

igen/nem

da / ne

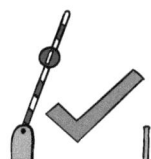

rendben

okej

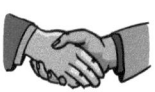

szia

zdravo

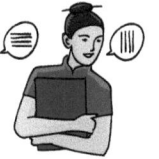

fordító

tumač

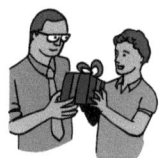

köszönöm

hvala

mennyibe kerül...?

Koliko košta...?

nem értem

Ne razumijem

probléma

problem

Jó estét!

dobro veče!

jó reggelt!

Dobro jutro!

jó éjszakát!

Laku noć!

viszontlátásra

doviđenja

útirány

smjer

poggyász

prtljag

táska

torba

hátizsák

ruksak

vendég

gost

szoba

soba

hálózsák

vreća za spavanje

sátor

šator

turista információ	strand	hitelkártya
turističke informacije	plaža	kreditna kartica

reggeli	ebéd	vacsora
doručak	ručak	večera

jegy	lift	bélyeg
putna karta	lift	poštanska markica
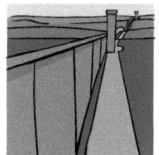		
határ	vám	nagykövetség
granica	carina	ambasada

vízum	útlevél	
viza	pasoš	

közlekedés
transport

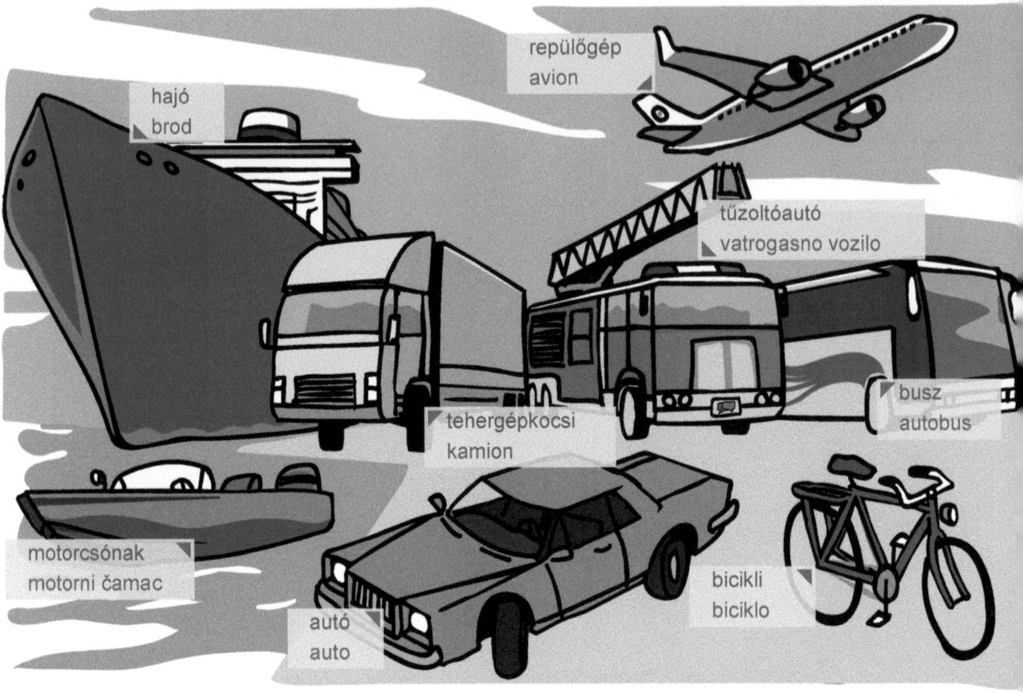
hajó
brod
repülőgép
avion
tűzoltóautó
vatrogasno vozilo
tehergépkocsi
kamion
busz
autobus
motorcsónak
motorni čamac
autó
auto
bicikli
biciklo

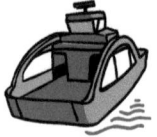

komp
trajekt

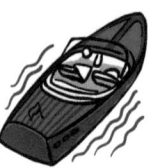

csónak
brod

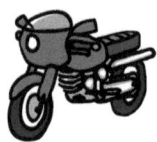

motorkerékpár
motocikl

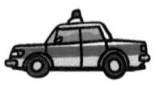

rendőrautó
policijski automobil

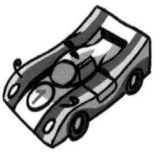

versenyautó
trkaći automobil

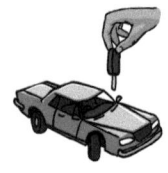

bérautó
unajmljeni automobil

telekocsi
kar-šering

vontató
pauk

szemetes autó
smećarsko vozilo

motor
motor

üzemanyag
gorivo

benzinkút
benzinska pumpa

közlekedési tábla
saobraćajni znak

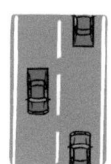

forgalom
saobraćaj

forgalmi dugó
zastoj

parkoló
parking

vonatállomás
željeznička stanica

sínek
šine

vonat
voz

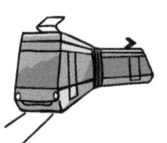

villamos
tramvaj

vagon
vagon

helikopter
helikopter

repülőtér
aerodrom

torony
toranj

utas
putnik

konténer
kontejner

kartondoboz
karton

taliga
tačke

kosár
korpa

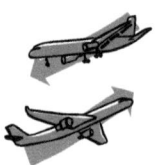

felszáll / leszáll
poletjeti / sletjeti

város
grad

falu
selo

városközpont
centar grada

ház
kuća

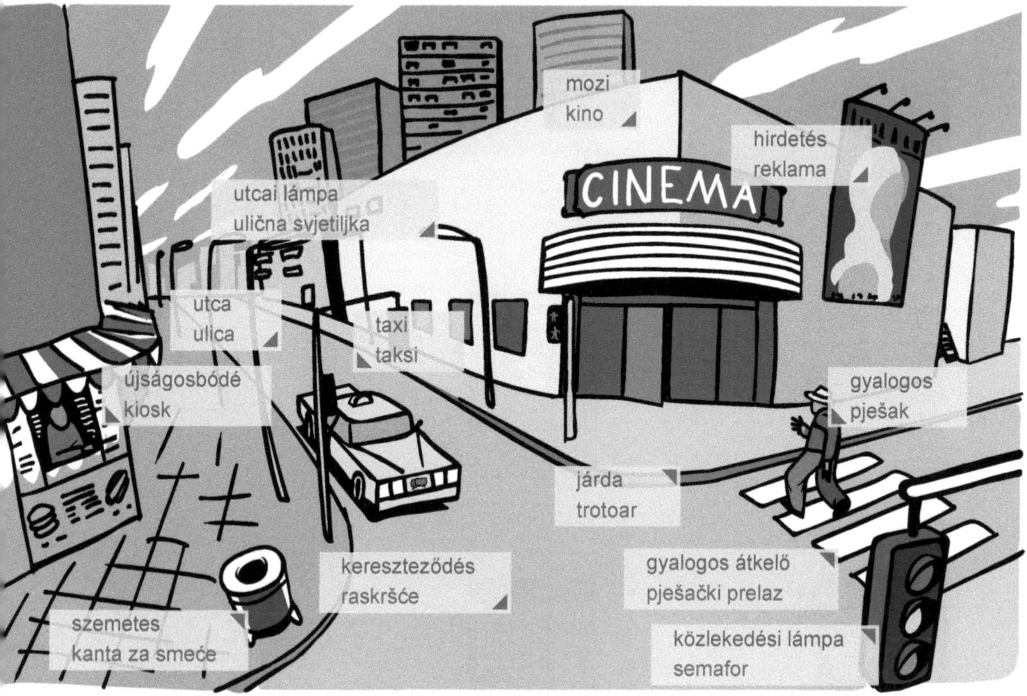

mozi
kino

hirdetés
reklama

utcai lámpa
ulična svjetiljka

utca
ulica

taxi
taksi

újságosbódé
kiosk

CINEMA

gyalogos
pješak

járda
trotoar

kereszteződés
raskršće

gyalogos átkelő
pješački prelaz

szemetes
kanta za smeće

közlekedési lámpa
semafor

kunyhó
koliba

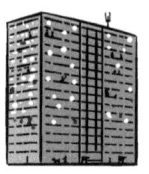

lakás
stan

vonatállomás
željeznička stanica

városháza
vjećnica

múzeum
muzej

iskola
škola

egyetem
univerzitet

bank
banka

kórház
bolnica

hotel
hotel

gyógyszertár
apoteka

iroda
ured

könyvesbolt
knjižara

üzlet
radnja

virágüzlet
cvjećara

szupermarket
supermarket

piac
pijaca

áruház
robna kuća

halárus
prodavač ribe

bevásárló központ
trgovački centar

kikötő
luka

park
park

pad
klupa

híd
most

lépcső
stepenice

metró
podzemna željeznica

alagút
tunel

buszmegálló
autobuska stanica

bár
bar

étterem
restoran

postaláda
poštanski sandučić

utcatábla
saobraćajni znak

parkoló óra
sat za naplatu parkinga

állatkert
zološki vrt

uszoda
bazen

mecset
džamija

gazdálkodás
seosko imanje

környezetszennyezés
zagađenje okoline

temető
groblje

templom
crkva

játszótér
igralište

szentély
hram

táj
krajolik

levél
list

útjelző tábla
putokaz

út
putokaz

rét
livada

kő
kamen

fa
drvo

túrázó
putnik

folyó
rijeka

fű
trava

virág
cvijet

völgy
dolina

domb
brdo

tó
jezero

erdő
šuma

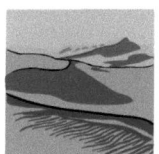

sivatag
pustinja

vulkán
vulkan

kastély
dvorac

szivárvány
duga

gomba
gljiva

pálmafa
palma

szúnyog
komarac

légy
muha

hangya
mrav

méhecske
pčela

pók
pauk

bogár

buba

béka

žaba

mókus

vjeverica

sündisznó

jež

nyúl

zec

bagoly

sova

madár

ptica

hattyú

labud

vaddisznó

divlja svinja

szarvas

jelen

rénszarvas

los

gát

brana

szélturbina

vjetrenjača

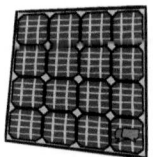

napelem

solarni modul

éghajlat

klima

étterem
restoran

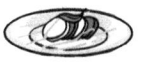

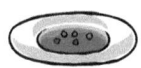

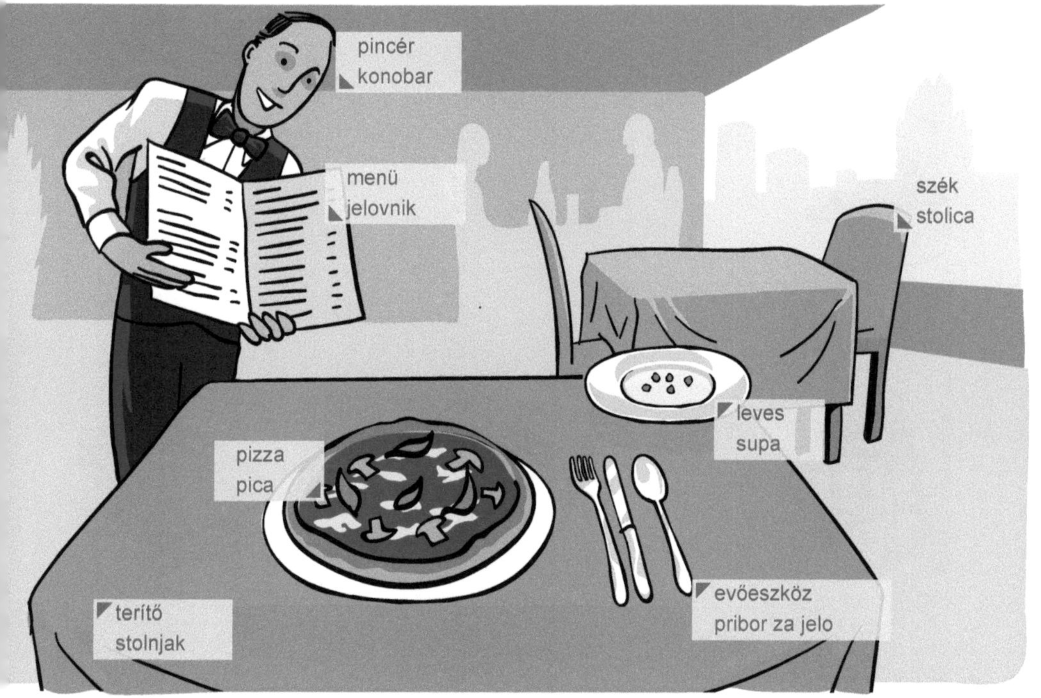

pincér
konobar
menü
jelovnik
szék
stolica
leves
supa
pizza
pica
evőeszköz
pribor za jelo
terítő
stolnjak

előétel

predjelo

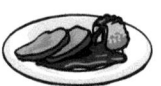

főétel

glavno jelo

desszert

desert

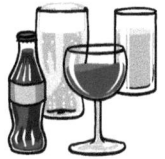

italok

piće

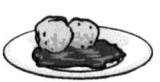

étel

jelo

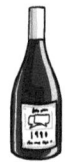

üveg

flaša

gyorsétel

brza hrana

gyorsétel

jelo sa ulice

teás kanna

čajnik

cukortartó

šećernica

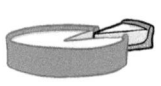

adag

porcija

eszpresszógép

mašina za espreso

bárszék

barska stolica

számla

račun

tálca

tacna

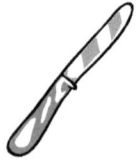

kés

nož

villa

viljuška

kanál

kašika

teáskanál

kašičica

szalvéta

salveta

pohár

čaša

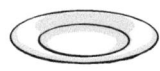

tányér
....
tanjir

leveses tányér
....
tanjir za supu

csészealj
....
tanjurić

szósz
....
sos

sószóró
....
solanik

borsőrlő
....
mlin za biber

ecet
....
sirće

étkezési olaj
....
ulje

fűszerek
....
začini

ketchup
....
kečap

mustár
....
senf

majonéz
....
majoneza

szupermarket
supermarket

különleges ajánlat
ponuda
ügyfél
klijent
FOR
tejtermék
mliječni proizvodi
gyümölcsök
voće
bevásárló kocsi
kolica za kupovinu

BUTCHERS

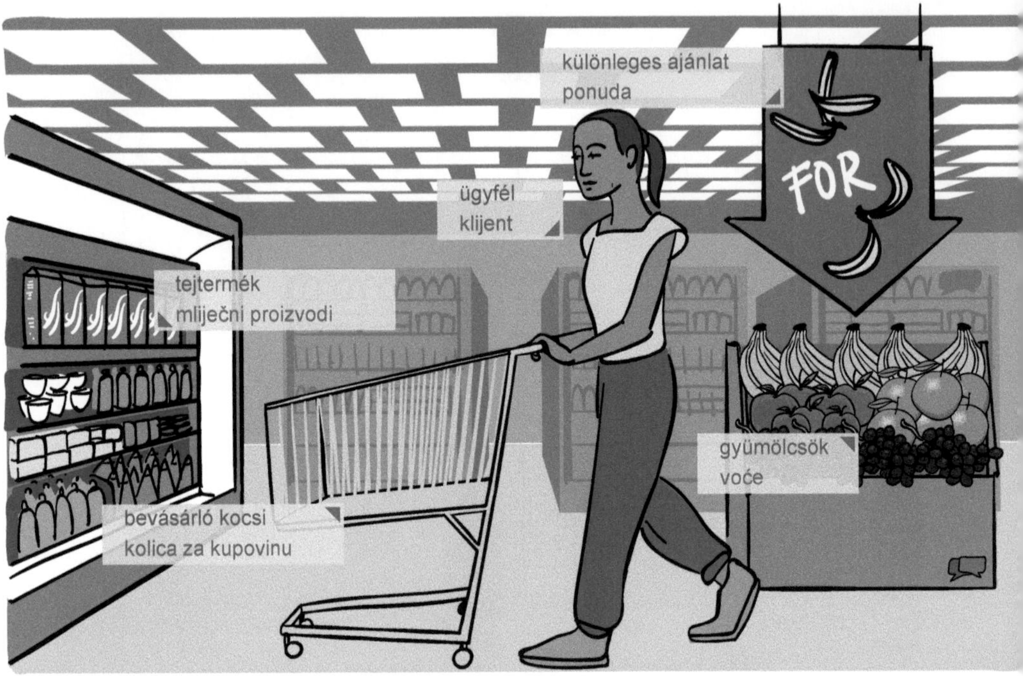

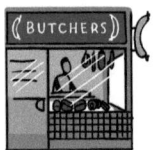

hentes

mesnica- klaonica

BAKERY

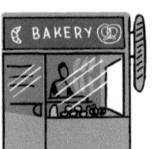

pékség

pekara

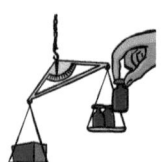

nyom valamennyit

vagati

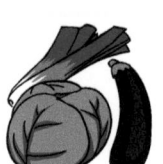

zöldség

povrće

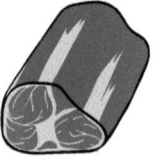

hús

meso

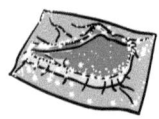

fagyasztott áru

zaleđena hrana

felvágott

narezak

konzerv

konzerve

mosópor

prašak za veš

édességek

slatkiši

háztartási termék

kućanski proizvodi

tisztítószerek

sredstvo za čišćenje

eladó

prodavačica

pénztárgép

kasa

eladó

blagajnik

bevásárló lista

lista za kupovinu

nyitva tartás

radno vrijeme

levéltárca

novčanik

hitelkártya

kreditna kartica

zacskó

torba

műanyag zacskó

najlonska vrećica

víz
voda

gyümölcslé
sok

tej
mlijeko

kóla
kola

bor
vino

sör
pivo

alkohol
alkohol

kakaó
kakao

tea
čaj

kávé
kafa

eszpresszó
espreso

kapucsínó
kapućino

banán

banana

alma

jabuka

narancs

narandža

sárgadinnye

lubenica

citrom

limun

sárgarépa

mrkva

fokhagyma

bijeli luk

bambusz

bambus

hagyma

crveni luk

gomba

gljiva

magvak

orašasti plodovi

nokedli

pasta

spagetti

špagete

rizs

riža

saláta

salata

sült krumpli

pomfrit

sült burgonya

pečeni krompir

pizza

pica

hamburger

hamburger

szendvics

sendvič

hússzelet

šnicla

sonka

šunka

szalámi

kobasica

kolbász

kobasica

csirke

kokoš

pecsenye

pečenje

hal

riba

zabkása
zobene pahuljice

müzli
muzli

kukoricapehely
kornfleks

liszt
brašno

croissant
kroason

zsemle
zemičke

kenyér
kruh

pirítós kenyér
tost

keksz
keksi

vaj
maslac

túró
svježi sir

sütemény
kolač

tojás
jaje

tükörtojás
jaje na oko

sajt
sir

jégkrém

sladoled

cukor

šećer

méz

med

lekvár

marmelada

mogyorókrém

nugat krema

curry

kuri

gazdálkodás
seosko imanje

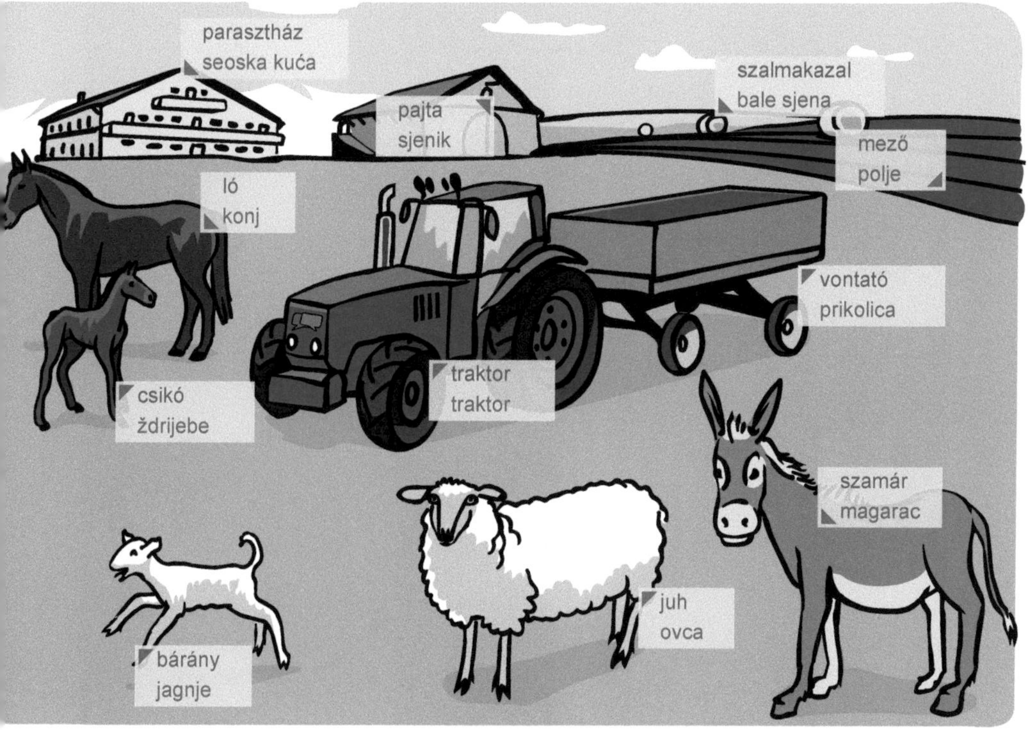
parasztház
seosko kuća
pajta
sjenik
szalmakazal
bale sjena
mező
polje
ló
konj
vontató
prikolica
traktor
traktor
csikó
ždrijebe
szamár
magarac
juh
ovca
bárány
jagnje

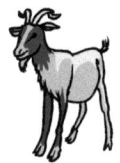

kecske

koza

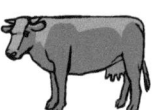

tehén

krava

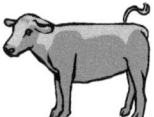

borjú

tele

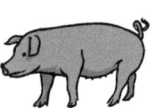

malac

svinja

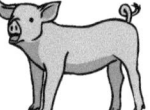

kismalac

prase

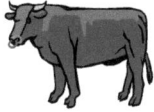

bika

bik

liba
guska

kacsa
patka

csibe
pile

tojó
kokoška

kakas
pjetao

patkány
pacov

macska
mačka

egér
miš

ökör
vol

kutya
pas

kutyaház
pseća kućica

kerti öntözőcső
crijevo za baštu

öntözőkanna
kanta za zalijevanje

kasza
kosa

eke
plug

sarló
srp

kapa
motika

vasvilla
vile

fejsze
sjekira

talicska
tačke

teknő
korito

tejes kancsó
bokal za mlijeko

zsák
vreća

kerítés
ograda

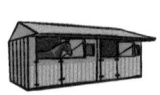

istálló
štala

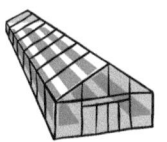

üvegház
staklenik

talaj
tlo

vetőmag
sjeme

trágya
đubrivo

cséplőgép
kombajn

szüretelni

kositi

betakarítás

žetva

yamgyökér

jam korijen

búza

pšenica

szója

soja

burgonya

krompir

kukorica

kukuruz

repcemag

uljana repica

gyümölcsfa

drvo voća

manióka

manioka

gabona

žito

ház

kuća

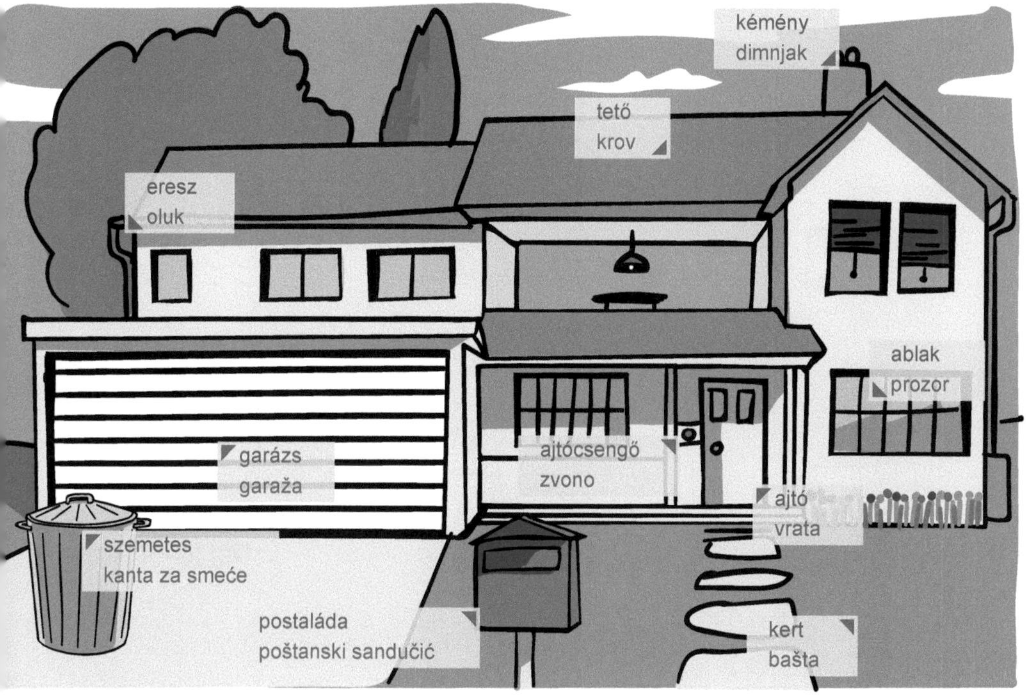

kémény
dimnjak
tető
krov
eresz
oluk
ablak
prozor
garázs
garaža
ajtócsengő
zvono
ajtó
vrata
szemetes
kanta za smeće
postaláda
poštanski sandučić
kert
bašta

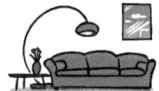

nappali

dnevni boravak

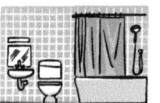

fürdőszoba

kupatilo

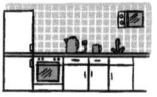

konyha

kuhinja

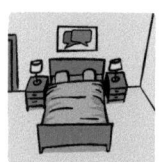

hálószoba

spavaća soba

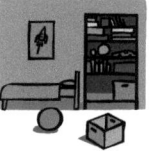

gyerekszoba

dječija soba

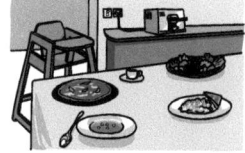

ebédlő

trpezarija

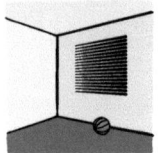

padló

pod, tlo

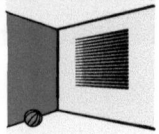

fal

zid

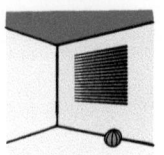

plafon

plafon

pince

podrum

szauna

sauna

erkély

balkon

terasz

terasa

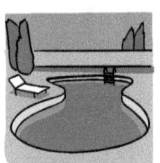

medence

bazen

fűnyíró

kosilica

lepedő

posteljina

ágytakaró

pokrivač

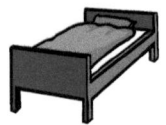

ágy

krevet

seprű

metla

vödör

kanta

kapcsoló

prekidač

nappali
dnevni boravak

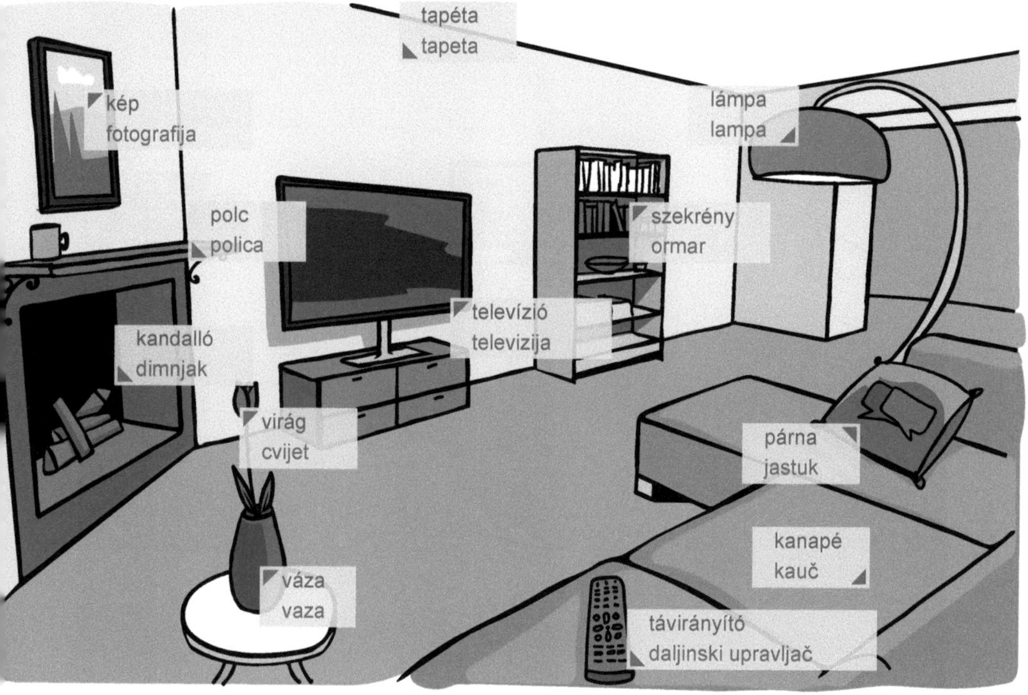

tapéta
tapeta
kép
fotografija
lámpa
lampa
polc
polica
szekrény
ormar
televízió
televizija
kandalló
dimnjak
virág
cvijet
párna
jastuk
kanapé
kauč
váza
vaza
távirányító
daljinski upravljač

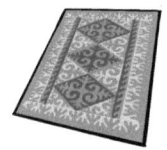

szőnyeg

tepih

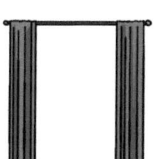

függöny

zavjesa

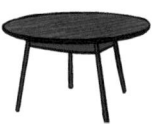

asztal

stol

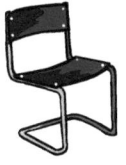

szék

stolica

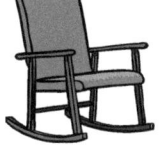

hintaszék

stolica za ljuljanje

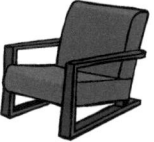

karosszék

fotelja

könyv

knjiga

takaró

deka

dekoráció

dekoracija

tűzifa

ložno drvo

film

film

hifi

stereo uređaj

kulcs

ključ

újság

novine

festmény

umjetnička slika

poszter

poster

rádió

radio

jegyzetfüzet

blok za bilješke

porszívó

usisavač

kaktusz

kaktus

gyertya

svijeća

konyha
kuhinja

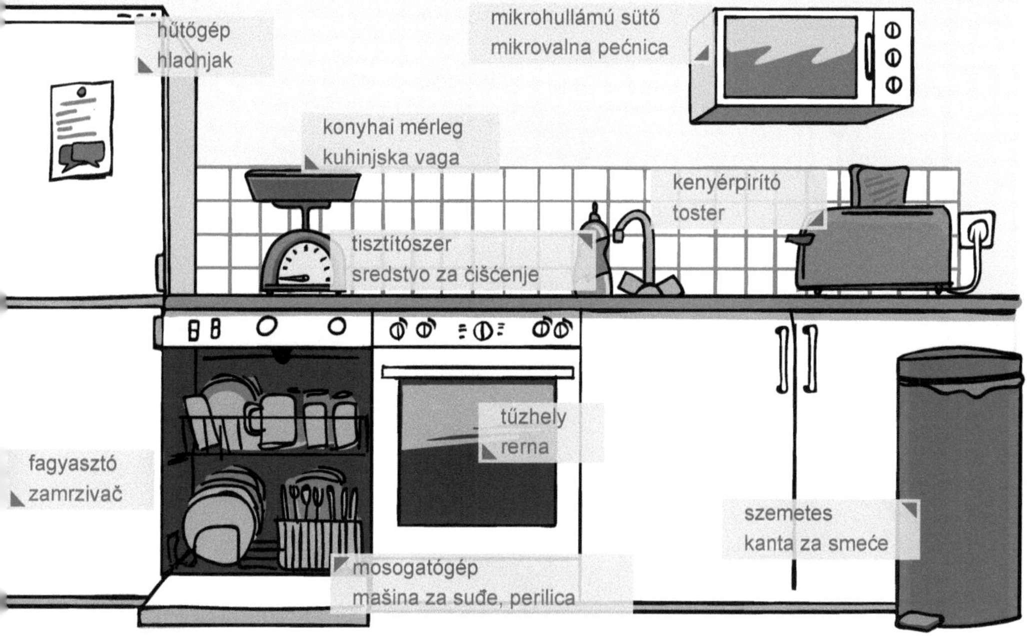
hűtőgép
hladnjak
mikrohullámú sütő
mikrovalna pećnica
konyhai mérleg
kuhinjska vaga
kenyérpirító
toster
tisztítószer
sredstvo za čišćenje
tűzhely
rerna
fagyasztó
zamrzivač
szemetes
kanta za smeće
mosogatógép
mašina za suđe, perilica

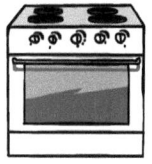

tűzhely

peć

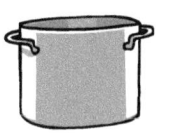

edény

lonac

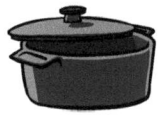

vasfazék

metalni lonac

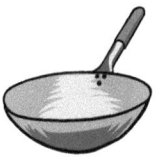

wok / kadai

vok / kadai

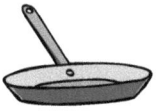

serpenyő

tava, tiganj

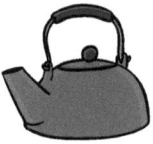

vízforraló

kuhalo

páróló

aparat za kuhanje na pari

tepsi

lim za pečenje

étkészlet

posuđe

bögre

šalica

tálka

činija

evőpálcika

kineski štapići

merőkanál

kutlača

keverőlapátka

lopatica

habverő

metlica za snijeg bjelanjca

szűrő

sito za kuhanje

szita

sito

reszelő

ribež

mozsár

avan s tučkom

grillsütő

roštilj

kandalló

ložište

vágódeszka
daska

sodrófa
oklagija

dugóhúzó
vadičep

doboz
konzerva

konzervnyitó
otvarač za konzerve

edényfogó
krpe za lonac

mosogató
sudoper

kefe
četka

szivacs
spužva

turmixgép
mikser

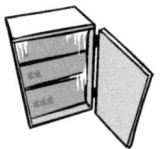

mélyhűtő
zamrzivač

cumisüveg
flašica za bebu

csap
slavina

fürdőszoba
kupatilo

fűtés
grijanje
zuhany
tuš
törölköző
peškir
zuhanyfüggöny
zavjesa za tuš
habfürdő
pjenušava kupka
kád
kada
pohár
čaša
mosógép
mašina za veš
csap
slavina
csempe
pločice
bili
dječja kahlica
mosogató
sudoper

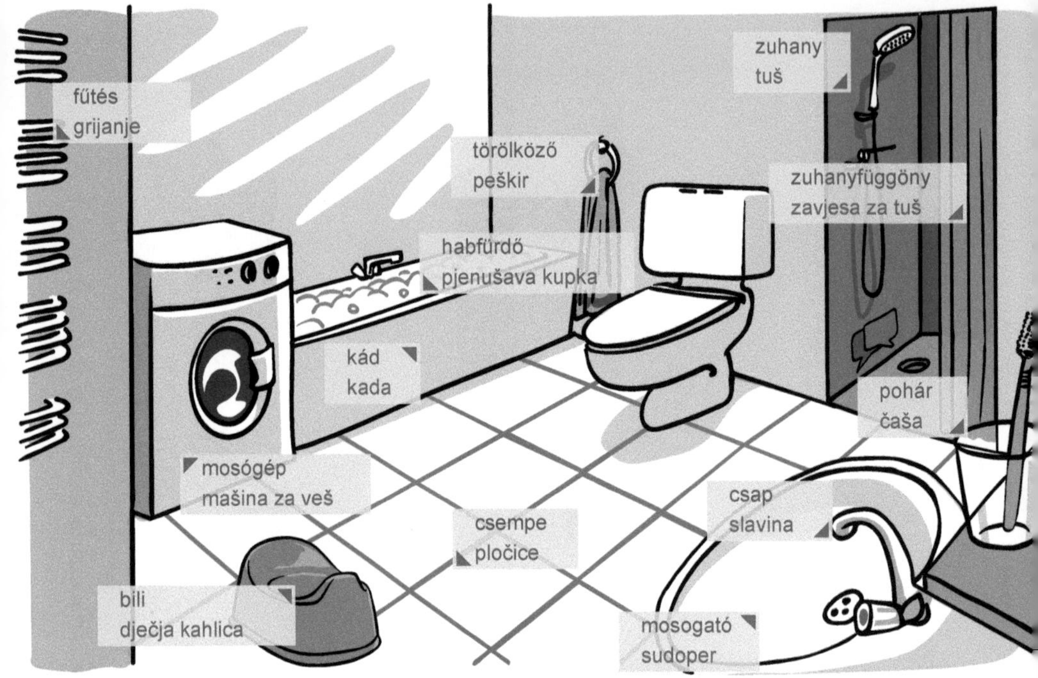

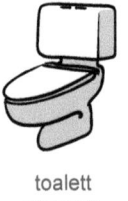

toalett

toalet

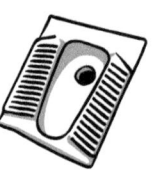

guggolós toalett

čučavac

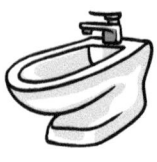

bidé

bide

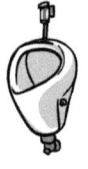

piszoár

pisoar

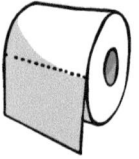

toalett papír

toalet papir

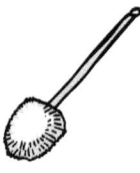

wc kefe

četka za wc

fogkefe

četkica za zube

fogkrém

pasta za zube

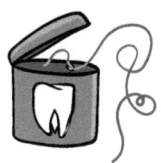

fogselyem

zubni konac

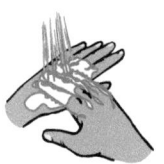

mosni

prati

kézi zuhany

tuš

intimzuhany

intimni tuš

mosdótál

lavor

hátmosó kefe

četka za leđa

szappan

sapun

tusfürdő

gel za tuširanje

sampon

šampon

mosdókesztyű

krpe za pranje

lefolyó

odvod

krém

krema

dezodor

dezodorans

tükör
ogledalo

kézitükör
ogledalo za šminkanje

borotva
brijač

borotvahab
pjena za brijanje

borotválkozás utáni
arcszesz
vodica poslije brijanja

fésű
češalj

hajkefe
četka

hajszárító
fen

hajlakk
sprej za kosu

smink
puder

ajakrúzs
karmin

körömlakk
lak za nokte

vatta
vata

körömvágó olló
makazice za nokte

parfüm
parfem

neszesszer	sámli	mérleg
kozmetička torbica	hoklica	vaga

köntös	gumikesztyű	tampon
kupaći ogrtač	rukavice za čišćenje	tampon

 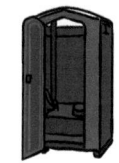

egészségügyi betét	vegyi WC
uložak za dame	hemijski toalet

gyerekszoba
dječija soba

ébresztő óra
budilnik
plüssállat
plišana igračka
játékautó
auto za igru
csörgő
zvečka
babaház
kućica za lutke
ajándék
poklon

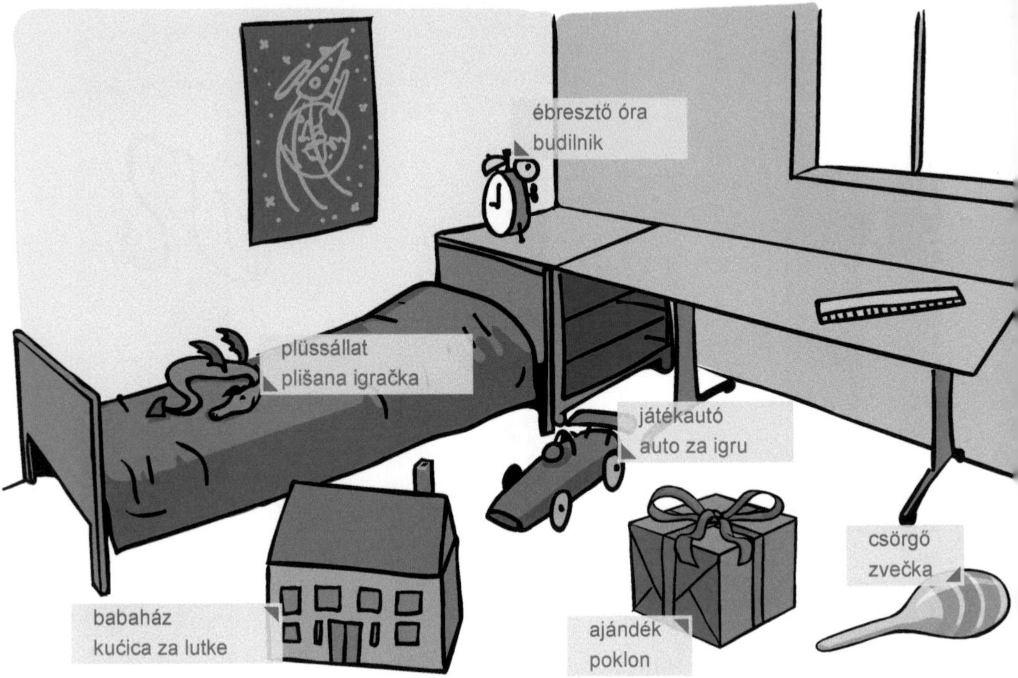

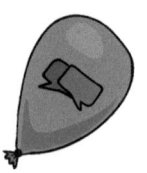

lufi

balon

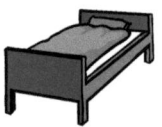

ágy

krevet

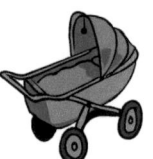

babakocsi

kolica za djecu

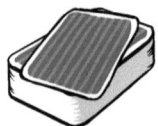

kártyapakli

karte za igranje

kirakós játék

puzle

SUPER
MEGA

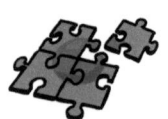

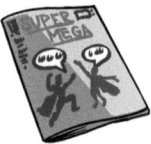

képregény

strip

építőkockák

lego kockice

építőelem

kockice za gradnju

szuperhős

akcione figure

rugdalózó

benkica

frizbi

frizbi

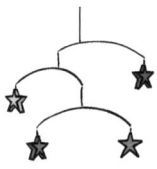

zenélő forgó

mobile

társasjáték

igra na ploči

kocka

kocka

modellvasút

miniatura željeznice

cumi

cucla

zsúr

zabava

képeskönyv

slikovnica

labda

lopta

baba

lutka

játszani

igrati

homokozó

pješćanik

hinta

ljuljačka

játékok

igračke

videójáték konzol

konzola za igru

tricikli

triciklo

teddi maci

medvjedić

ruhásszekrény

ormar

zokni

kratke čarape

harisnya

čarape

harisnyanadrág

hulahopke

sál
šal

esernyő
kišobran

öv
kaiš

póló
majica kratkih rukava

csizma
čizme

papucs
papuče

tornacipő
patike

szandál
sandale

cipő
cipele

gumicsizma
gumene čizme

alsónadrág
gaće

melltartó
grudnjak

mellény
potkošulja

body
bodi

nadrág
hlače

farmer
farmerke

szoknya
suknja

blúz
bluza

ing
košulja

pulóver
džemper

kapucnis pulóver
majica

blézer
sako

dzseki
jakna

kabát
mantil

esőkabát
kišni mantil

kosztüm
kostim

ruha
haljina

esküvői ruha
vjenčanica

öltöny
odijelo

hálóing
spavaćica

pizsama
pidžama

szári
sari

fejkendő
marama

turbán
turban

burka
burka

kaftán
kaftan

abaya
abaja

fürdőruha
kupaći kostim

fürdőnadrág
kupaće gaće

rövidnadrág
kratke hlače

tréningruha
trenerka

kötény
pregača

kesztyű
rukavice

gomb
dugme

szemüveg
naočare

karkötő
narukvica

nyaklánc
ogrlica

gyűrű
prsten

fülbevaló
naušnica

sapka
kapa

vállfa
vješalica

kalap
šešir

nyakkendő
kravata

cipzár
patentni zatvarač

bukósisak
kaciga

nadrágtartó
tregeri za hlače

iskolai egyenruha
školska uniforma

egyenruha
uniforma

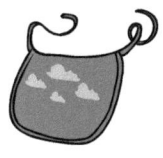

előke

podbradak

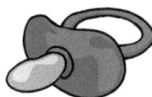

cumi

cucla

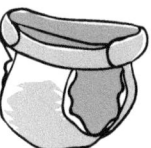

pelenka

pelene

iroda
ured

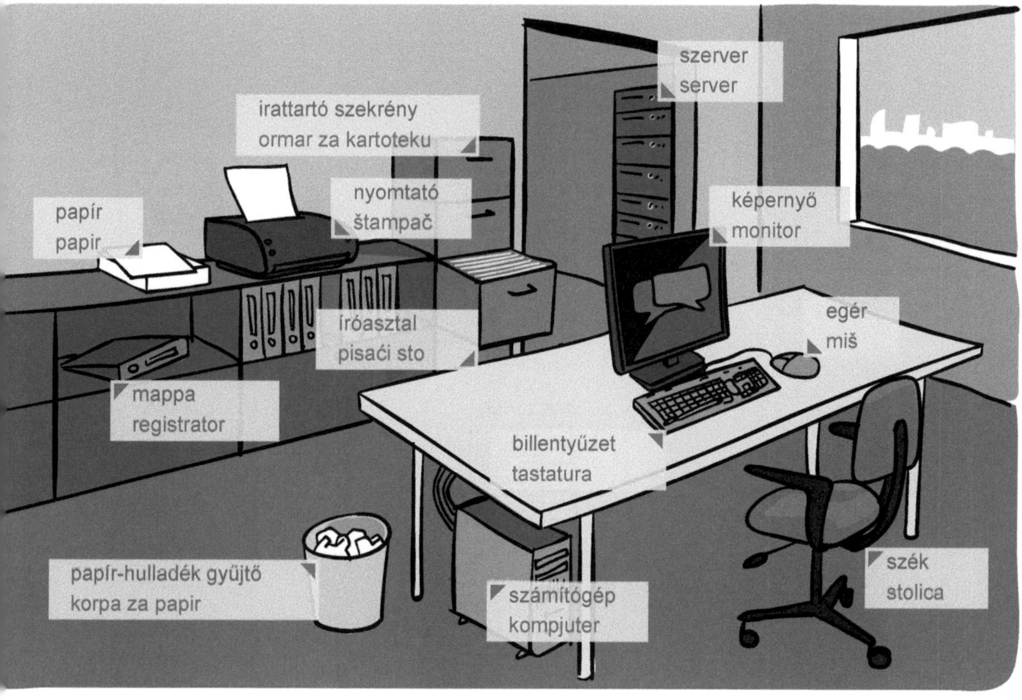

szerver
server
irattartó szekrény
ormar za kartoteku
papír
papir
nyomtató
štampač
képernyő
monitor
íróasztal
pisaći sto
egér
miš
mappa
registrator
billentyűzet
tastatura
papír-hulladék gyűjtő
korpa za papir
szék
stolica
számítógép
kompjuter

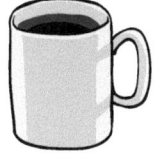

kávéscsésze

šolja za kafu

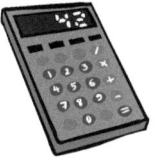

számológép

kalkulator

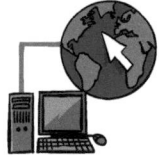

internet

internet

laptop
laptop

levél
pismo

üzenet
poruka

mobiltelefon
mobilni telefon

hálózat
mreža

fénymásoló
aparat za kopiranje

szoftver
softver

telefon
telefon

konnektor
utičnica

faxgép
faks

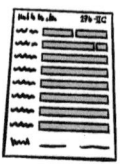

formanyomtatvány
formular

dokumentum
dokument

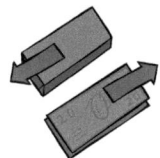

venni
....
kupovati

fizetni
....
platiti

kereskedni
....
trgovati

pénz
....
novac

 **USD**

dollár
....
dolar

 **EUR**

euró
....
euro

 **JPY**

jen
....
jen

 **RUB**

rubel
....
rublja

 **CHF**

svájci frank
....
franak

 **CNY**

kínai jüan
....
renminbi jen

 **INR**

rúpia
....
rupi

bankautomata
....
bankomat

valutaváltó iroda

mjenjačnica

arany

zlato

ezüst

srebro

olaj

nafta

energia

energija

ár

cijena

szerződés

ugovor

adó

porez

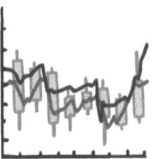

részvény

akcija

dolgozni

raditi

munkavállaló

službenik

munkaadó

poslodavac

gyár

fabrika

üzlet

radnja

foglalkozások
zanimanja

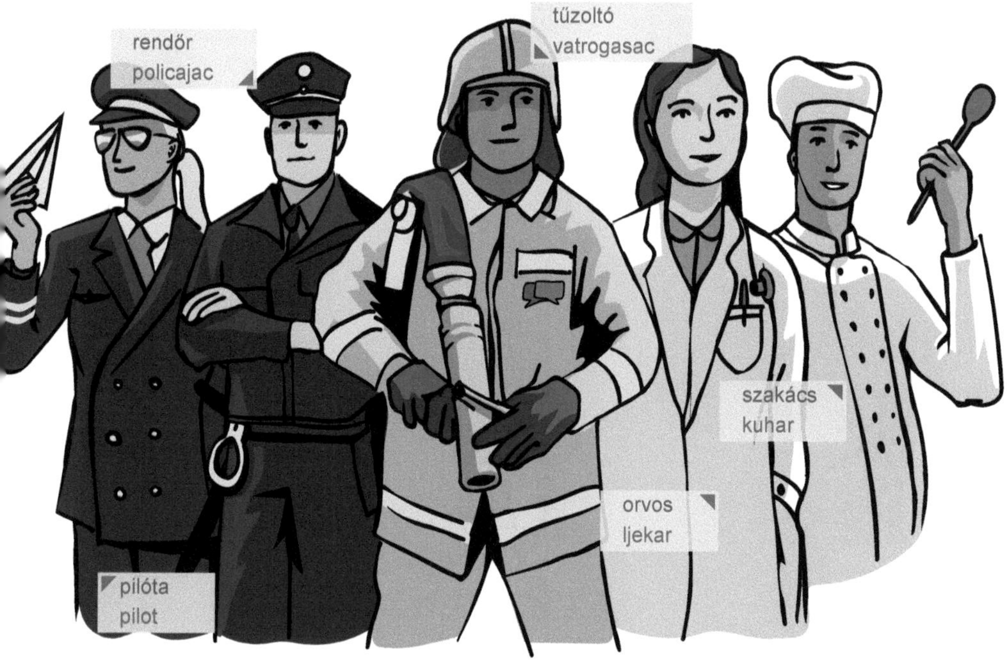
rendőr
policajac
tűzoltó
vatrogasac
szakács
kuhar
orvos
ljekar
pilóta
pilot

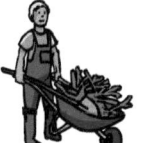

kertész

baštovan

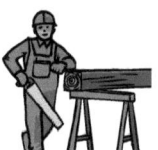

kárpitos

stolar

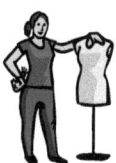

varrónő

krojačica

bíró

sudija

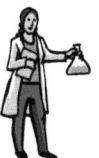

vegyész

hemičar

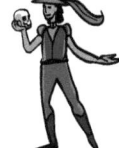

színész

glumac

buszsofőr

vozač autobusa

taxisofőr

vozač taksija

halász

ribar

bejárónő

čistačica

tetőfedő

krovopokrivač

pincér

konobar

vadász

lovac

festő

moler

pék

pekar

villanyszerelő

električar

építőmunkás

građevinski radnik

mérnök

inženjer

hentes

koljač

vízvezeték-szerelő

limar, vodoinstalater

postás

poštar

katona	építész	eladó
vojnik	arhitekta	blagajnik

virágos	fodrász	kalauz
cvjećar	frizer	kontrolor

műszerész	kapitány	fogorvos
mehaničar	kapiten	zubar

tudós	rabbi	imám
naučnik	rabin	imam

szerzetes	lelkész	
monah	sveštenik	

szerszámok

alat

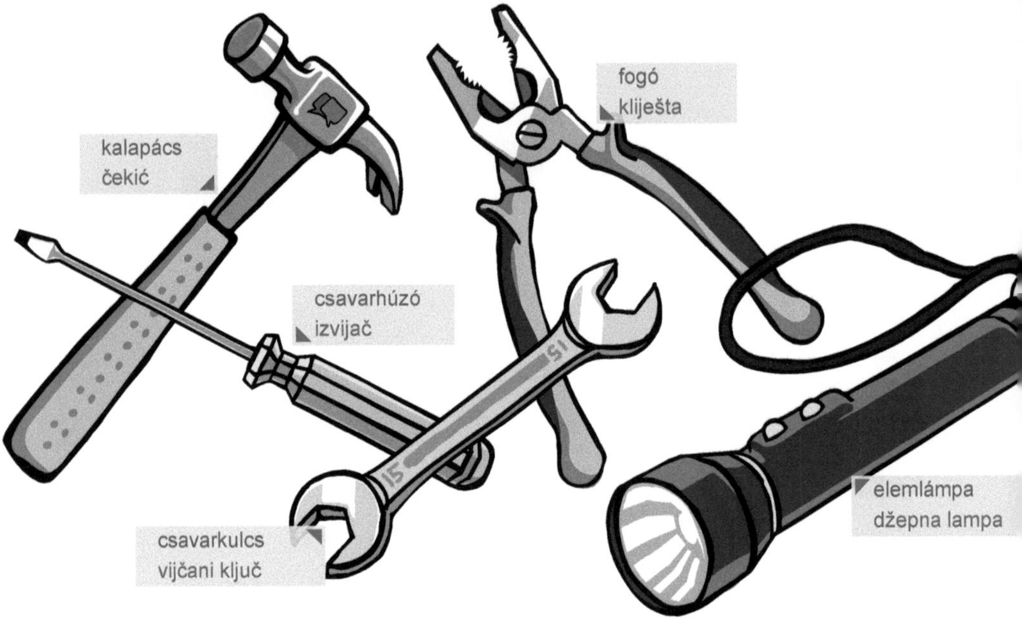
kalapács
čekić
fogó
kliješta
csavarhúzó
izvijač
csavarkulcs
vijčani ključ
elemlámpa
džepna lampa

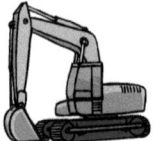

markológép

bager

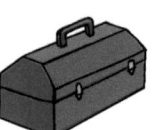

szerszámosláda

kutija sa alatom

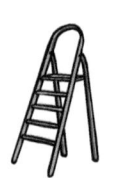

vödör

ljestve

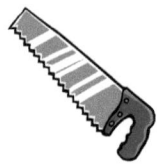

fűrész

testera, pila

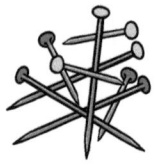

szög

ekser

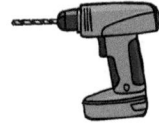

fúrógép

bušilica

megjavítani

popraviti

lapát

lopata

A francba!

sranje!

szemétlapát

lopatica

festékesdoboz

kanta boje

csavar

vijak

hangszerek
muzički instrumenti

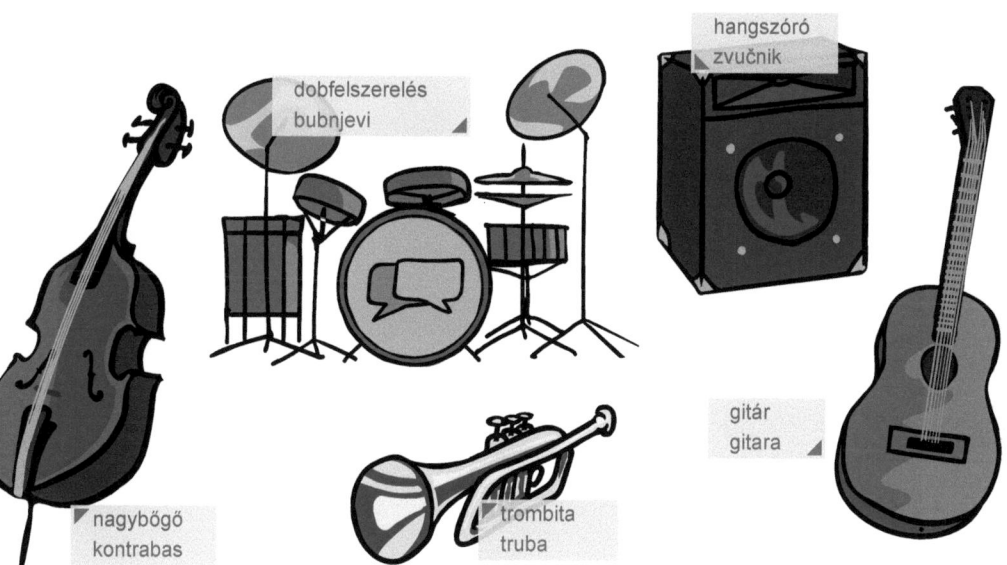

dobfelszerelés
bubnjevi

hangszóró
zvučnik

gitár
gitara

nagybőgő
kontrabas

trombita
truba

zongora

klavir

hegedű

violina

basszusgitár

bas

üstdob

bubanj timpani

dobok

bubanj

digitális zongora

sintisajzer

szaxofon

saksofon

fuvola

flauta

mikrofon

mikrofon

tigris
tigar

bejárat
ulaz

kalitka
kavez

zebra
zebra

állateledel
hrana za životinje

panda
panda

állatok

életinje

állatok	elefánt	kenguru
životinje	slon	kengur

állatok
životinje

elefánt
slon

kenguru
kengur

orrszarvú
nosorog

gorilla
gorila

medve
medvjed

teve

kamila

strucc

noj

oroszlán

lav

majom

majmun

flamingó

flamingo

papagáj

papagaj

jegesmedve

polarni medvjed

pingvin

pingvin

cápa

morski pas

páva

paun

kígyó

zmija

krokodil

krokodil

állatgondozó

čuvar u zološkom vrtu

fóka

tuljan

jaguár

jaguar

póniló
poni

leopárd
leopard

víziló
nilski konj

zsiráf
žirafa

sas
orao

vaddisznó
divlja svinja

hal
riba

teknős
kornjača

rozmár
morž

róka
lisica

gazella
gazela

amerikai futball
amer6ki fudbal

kerékpározás
vožnja bicikla

tenisz
tenis

kosárlabda
košarka

úszás
plivanje

boksz
boks

jégkorong
hokej na ledu

futball
fudbal

tollas
bedminton

atlétika
laka atletika

kézilabda
rukomet

síelés
skijanje

lovaspóló
polo

tevékenységek
aktivnosti

nevetni
smijati se
ugrani
skakati
ölelni
zagrliti
sétálni
ići
énekelni
pjevati
álmodni
sanjati
dicsérni
moliti
csókolni
ljubiti

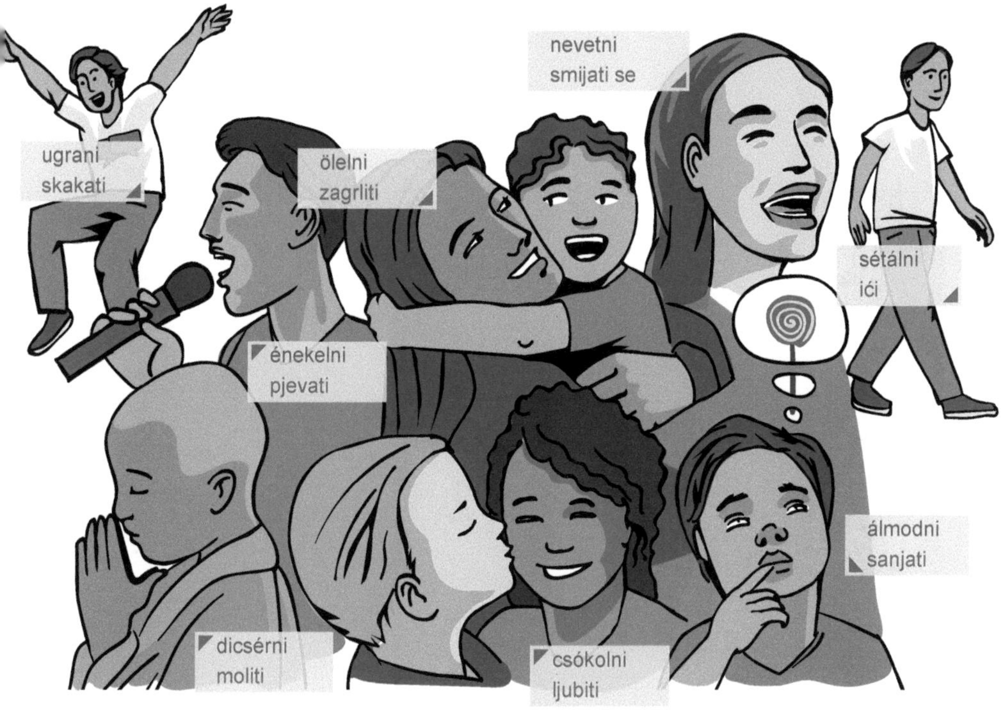

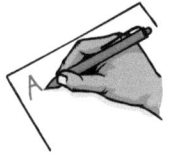

írni

pisati

rajzolni

crtati

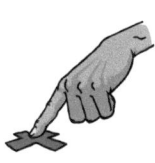

mutatni

pokazati

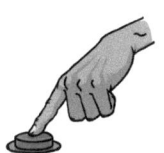

tolni

gurati

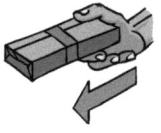

adni

dati

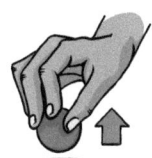

vinni

uzeti

birtokolni
....
imati

csinálni
....
raditi

lenni
....
biti

állni
....
stajati

futni
....
trčati

húzni
....
vući

hajít
....
baciti

esni
....
pasti

hazudni
....
ležati

várni
....
čekati

vinni
....
nositi

ülni
....
sjediti

felvenni
....
obući

aludni
....
spavati

felébredni
....
probuditi

ránézni
pogledati

sírni
plakati

simogat
milovati

fésülni
češljati

beszélni
govoriti

megérteni
razumjeti

kérdezni
pitati

hallgatni
slušati

inni
piti

enni
jesti

takarítani
pospremiti

szeretni
voljeti

főzni
kuhati

vezetni
voziti

szállni
letjeti

vitorlázni
jedriti

számol
računati

olvasni
čitati

tanulni
učiti

dolgozni
raditi

házasodni
vjenčavti

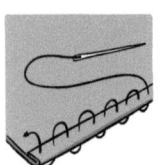

varrni
šiti

fogat mosni
prati zube

ölni
ubiti

dohányozni
pušiti

küldeni
slati

család
porodica

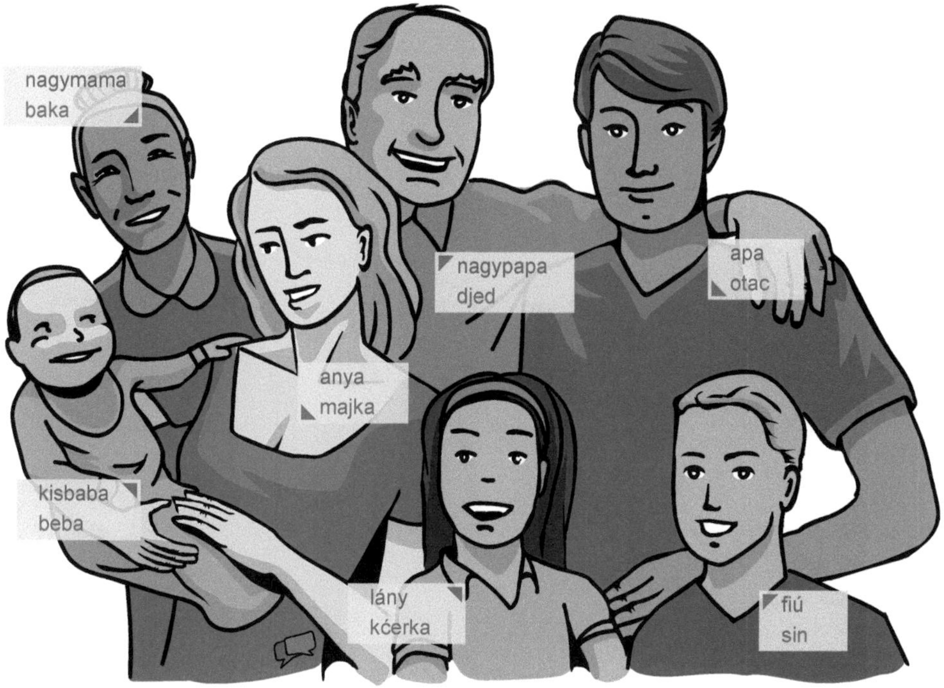

nagymama
baka
nagypapa
djed
apa
otac
anya
majka
kisbaba
beba
lány
kćerka
fiú
sin

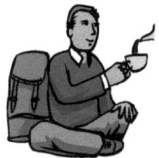

vendég

gost

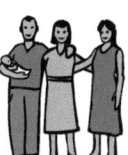

nagynéni

ujna, tetka, strina

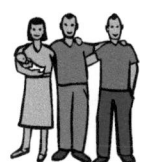

nagybácsi

ujak, tetak, stric

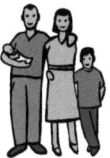

fiútestvér

brat

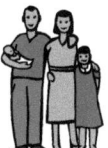

lánytestvér

sestra

homlok
čelo

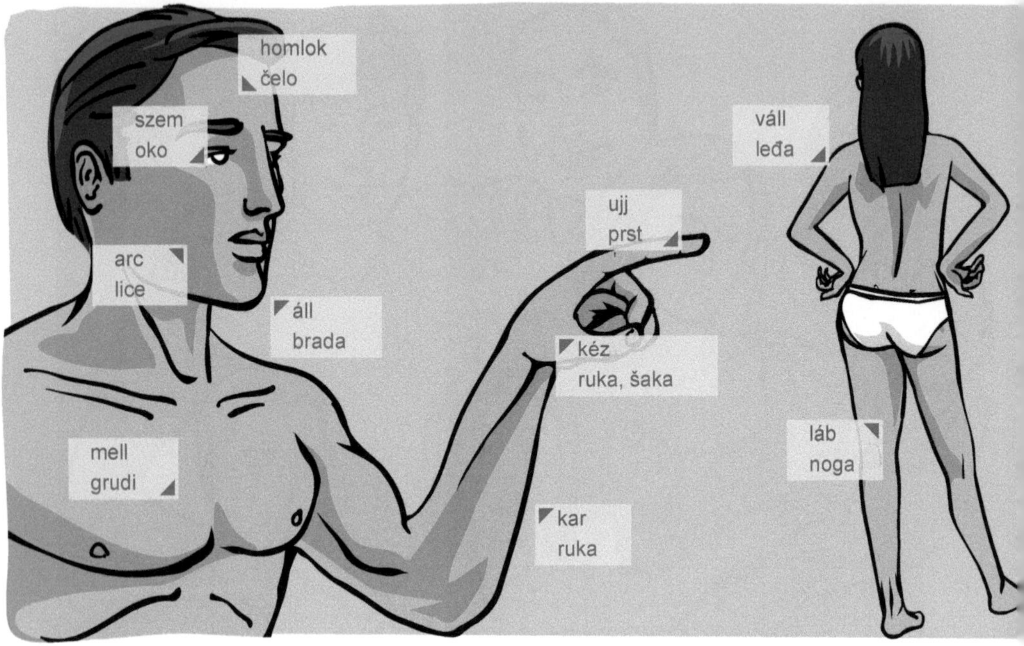

szem
oko

váll
leđa

ujj
prst

arc
lice

áll
brada

kéz
ruka, šaka

mell
grudi

láb
noga

kar
ruka

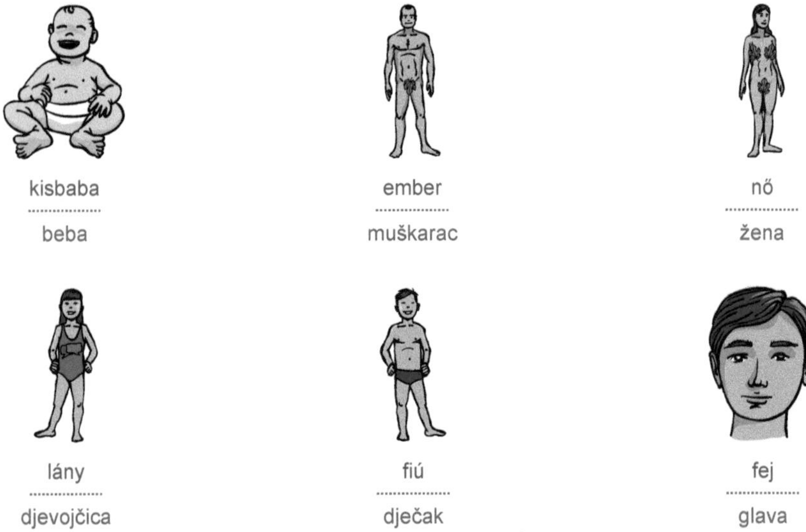

kisbaba

beba

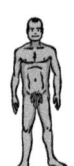

ember

muškarac

nő

žena

lány

djevojčica

fiú

dječak

fej

glava

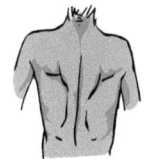

hát
leđa

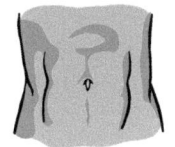

has
stomak

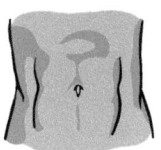

köldök
pupak

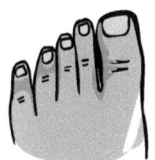

lábujj
nožni prst

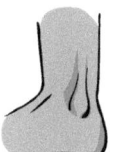

sarok
peta

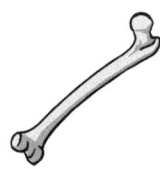

csont
kosti

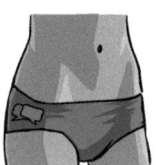

csípő
kuk

térd
koljeno

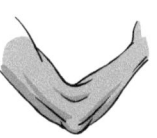

könyök
lakat

orr
nos

fenék
stražnjica

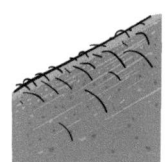

bőr
koža

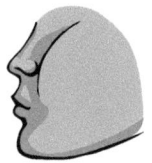

orca
obraz

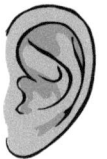

fül
uho

ajak
usna

száj
usta

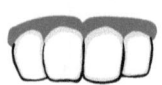

fog
zub

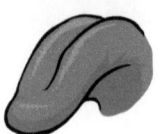

nyelv
jezik

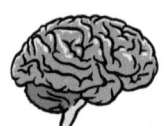

agy
mozak

szív
srce

izom
mišić

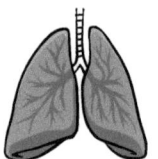

tüdő
pluća

máj
jetra

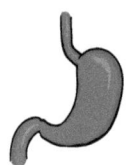

gyomor
želudac

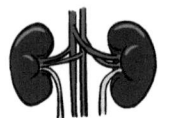

vese
bubreg

szex
spolni odnos

kondom
kondom

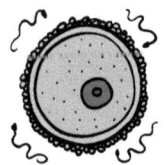

petesejt
jajna ćelija

sperma
sperma

terhesség
trudnoća

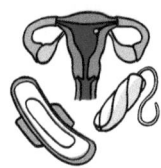

menstruáció
menstruacija

vagina
vagina

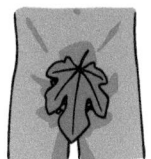

pénisz
penis

szemöldök
obrva

haj
kosa

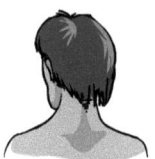

nyak
vrat

kórház
bolnica

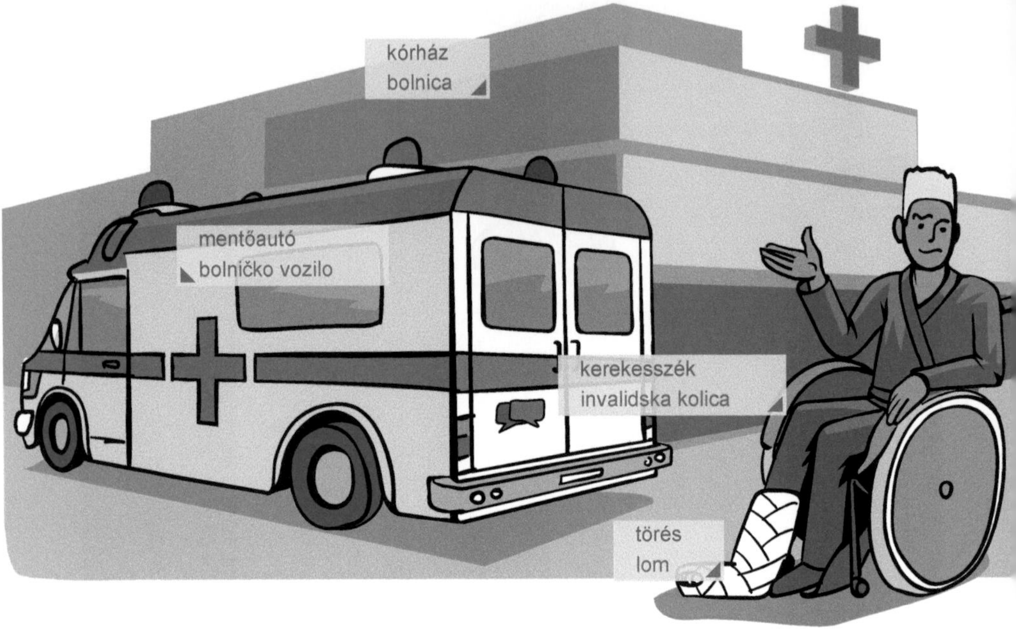

kórház
bolnica
mentőautó
bolničko vozilo
kerekesszék
invalidska kolica
törés
lom

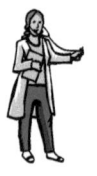

orvos
ljekar

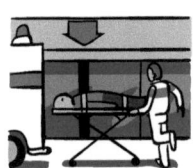

sürgősségi osztály
hitna služba

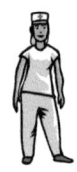

ápoló
medicinska sestra

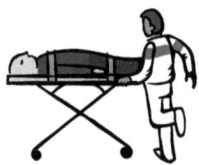

vészhelyzet
hitna pomoć

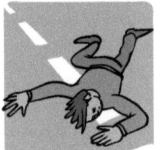

eszméletlen
nesvjest

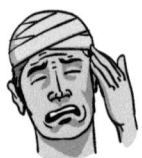

fájdalom
bol

sérülés
povreda

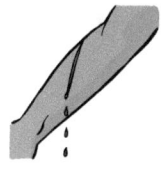

vérzés
krvarenje

szívroham
srčani udar, infarkt

szélütés
moždani udar

allergia
alergija

köhögés
kašalj

láz
groznica

influenza
gripa

hasmenés
proljev

fejfájás
glavobolja

rák
rak

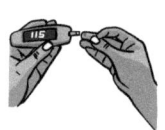

cukorbetegség
dijabetes

sebész
hirurg

szike
skalpel

műtét
operacija

CT

CT

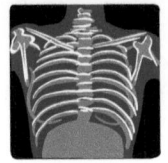

röntgen

rendgen

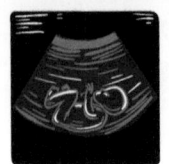

ultrahang

ultrazvuk

arcmaszk

maska

betegség

bolest

váróterem

čekaonica

mankó

štake

sebtapasz

flaster

kötszer

zavoj

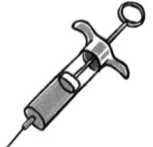

injekció

injekcija

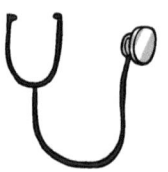

sztetoszkóp

stetoskop

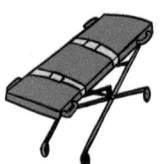

hordágy

nosilo

klinikai hőmérő

termometar

születés

porod

túlsúly

prekomjerna težina, debljina

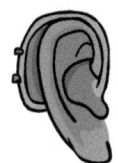

hallókészülék

slušni aparat

fertőtlenítőszer

sredstvo za dezinfekciju

fertőzés

infekcija

vírus

virus

HIV/AIDS

HIV/ AIDS

orvosság

medicina

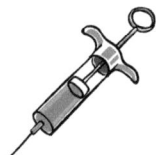

oltás

vakcinacija

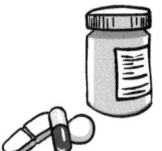

tabletták

tablete

tabletta

pilula

sürgősségi hívás

hitni poziv

vérnyomásmérő

aparat za mjerenje pritiska

betegség / egészség

bolestan / zdrav

Segítség!

Upomoć!

riasztás

alarm

rajtaütés

napad, prepad

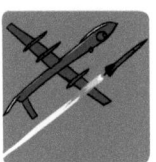

támadás

napad

veszély

opasnost

vészkijárat

izlaz u slučaju opasnosti

tűz!

Požar!

tűzoltókészülék

vatrogasni aparat

baleset

nezgoda

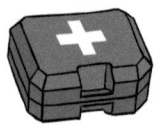

elsőoogélycsomag

torba prve pomoći

SOS

SOS

rendőrség

policija

föld

Zemlja

Európa

Europa

Észak-Amerika

Sjeverna Amerika

Dél-Amerika

Južna Amerika

Afrika

Afrika

Ázsia

Azija

Ausztrália

Australija

Atlanti-óceán

Atlantik

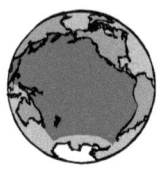

Csendes-óceán

Pacifik

Indiai-óceán

Indijski okean

Déli-óceán

Antarktički okean

Jeges-tenger

Arktički okean

Északi-sark

Sjeverni pol

föld - Zemlja 77

Déli-sark

Južni pol

Antarktisz

Antarktik

föld

Zemlja

szárazföld

zemlja

tenger

more

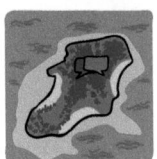

sziget

ostrvo

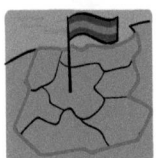

nemzet

nacija

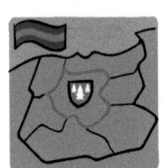

állam

država

számlap

brojčanik sata

kismutató

kazaljka sata

nagymutató

kazaljka minute

másodpercmutató

kazaljka sekunde

Mennyi az idő?

Koliko je sati?

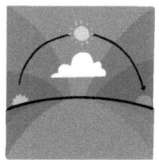

nap

dan

idő

vrijeme

most

sada

digitális óra

digitalni sat

perc

minuta

óra

sat

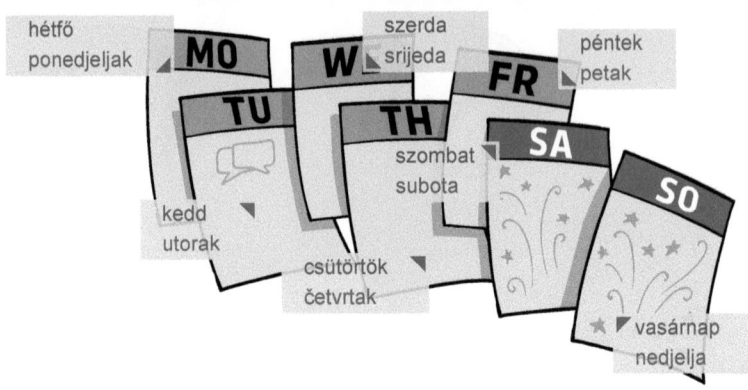

hétfő / ponedjeljak · szerda / srijeda · péntek / petak · kedd / utorak · csütörtök / četvrtak · szombat / subota · vasárnap / nedjelja

tegnap

juče

ma

danas

holnap

sutra

reggel

jutro

dél

podne

este

veče

MO	TU	WE	TH	FR	SA	SU
1	2	3	4	5	6	7
8	9	10	11	12	13	14
15	16	17	18	19	20	21
22	23	24	25	26	27	28
29	30	31	1	2	3	4

hétköznap

radni dani

MO	TU	WE	TH	FR	SA	SU
1	2	3	4	5	6	7
8	9	10	11	12	13	14
15	16	17	18	19	20	21
22	23	24	25	26	27	28
29	30	31	1	2	3	4

hétvége

vikend

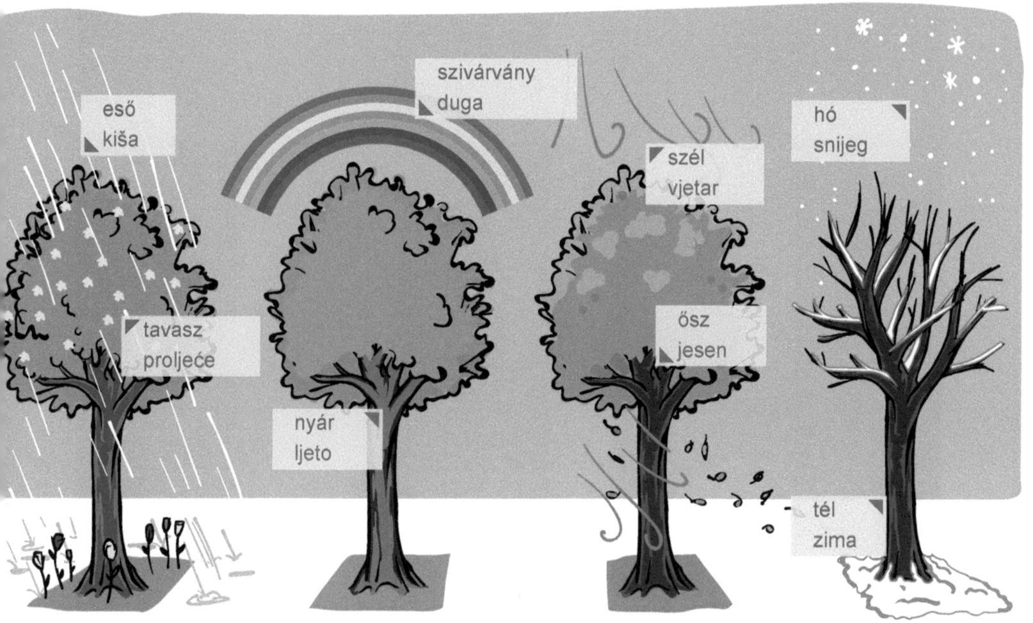

eső
kiša
szivárvány
duga
hó
snijeg
szél
vjetar
tavasz
proljeće
ősz
jesen
nyár
ljeto
tél
zima

4.APRIL 11°
5.APRIL 4°
6.APRIL 13°
7.APRIL 8°
8.APRIL 10°

időjárás előrejelzés

prognoza vremena

F C
120 90 60 30 0 -30
40 30 20 10 0 -10 -20

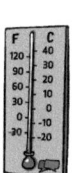

hőmérő

termometar

napsütés

sunčev sjaj

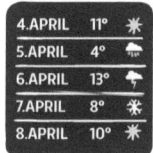

felhő

oblak

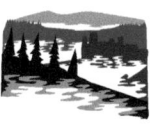

köd

magla

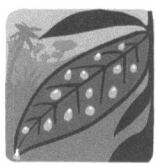

páratartalom

vlažnost vazduha

villámlás
....
munja

mennydörgés
....
grom

vihar
....
oluja

jégeső
....
tuča, led

monszun
....
monsun

áradás
....
poplava

jég
....
led

január
....
januar

február
....
februar

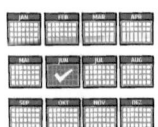

március
....
mart

április
....
april

május
....
maj

június
....
juni

július
....
juli

augusztus
....
avgust

év - godina

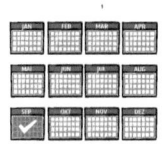

szeptember

septembar

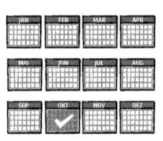

október

oktobar

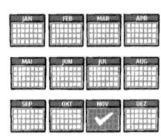

november

novembar

december

decembar

alakzatok
oblici

kör

krug

négyzet

kvadrat

téglalap

pravougao

háromszög

trougao

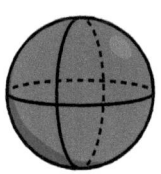

gömb

kugla

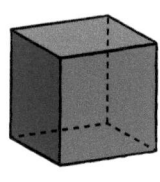

kocka

kocka

fehér

bjel

sárga

žut

narancs

narandžast

rózsaszín

pink

piros

crven

lila

ljubičast

kék

plav

zöld

zelen

barna

smeđ

szürke

siv

fekete

crn

sok / kevés

malo / mnogo

mérges / nyugodt

ljutit / miran

szép / csúnya

lijep / ružan

kezdet / vég

početak / kraj

nagy / kicsi

veliki / mali

világos / sötét

svijetlo / tamno

fivér / nővér

brat / sestra

tiszta / koszos

čist / prljav

teljes / nem teljes

potpun / nepotpun

nappal / éjszaka

dan / noć

halott / élő

mrtav / živ

széles / keskeny

široko / usko

ehető / nem ehető

ukusno / neukusno

gonosz / kedves

zao / prijatan

izgatott / unott

uzbuđen / dosadan

kövér / vékony

debeo / mršav

első / utolsó

najprije / najkasnije

barát / ellenség

prijatelj / neprijatelj

teli / üres

pun / prazan

kemény / puha

trvd / mekan

nehéz / könnyű

težak / lagan

éhség / szomjúság

glad / žeđ

betegség / egészség

bolestan / zdrav

illegális / legális

ilegalan / legalan

intelligens / buta

inteligentan / glup

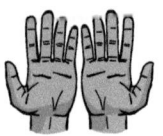

bal / jobb

lijevo / desno

közel / távol

blizu / daleko

új / használt
nov / polovan

semmi / valami
ništa / nešto

idős / fiatal
star / mlad

be / ki
uključeno / isključeno

nyitva / zárva
otvoreno / zatvoreno

csendes / hangos
tiho / glasno

gazdag / szegény
bogat / siromašan

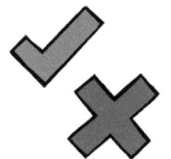

helyes / helytelen
tačno / pogrešno

érdes / sima
hrapav / glatak

szomorú / vidám
tužan / srećan

rövid / hosszú
kratak / dug

lassú / gyors
spor / brz

nedves / száraz
mokro / suho

meleg / hideg
toplo / hladno

háború / béke
rat / mir

0

nulla

nula

1

egy

jedan

2

kettő

dva

3

három

tri

4

négy

četiri

5

öt

pet

6

hat

šest

7

hét

sedam

8

nyolc

osam

9

kilenc

devet

10

tíz

deset

11

tizenegy

jedanaest

12	**13**	**14**
tizenkettő	tizenhárom	tizennégy
dvanaest	trinaest	četrnaest

15	**16**	**17**
tizenöt	tizenhat	tizenhét
petnaest	šesnaest	sedamnaest

18	**19**	**20**
tizennyolc	tizenkilenc	húsz
osamnaest	devetnaest	dvadeset

100	**1.000**	**1.000.000**
száz	ezer	millió
sto	hiljada	milion

angol

engleski

amerikai angol

američki engleski

mandarin kínai

kinesko mandarinski

hindi

hindi

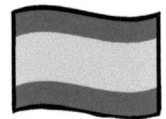

spanyol

španski

francia

francuski

arab

arapski

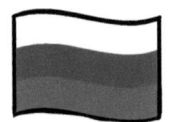

orosz

ruski

portugál

portugalski

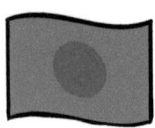

bengáli

bengalski

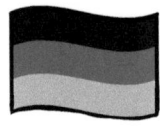

német

njemački

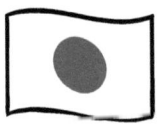

japán

japanski

én
ja

te
ti

ő
on / ona / ono

mi
mi

ti
vi

ők
oni

ki?
ko?

mi?
šta?

hogyan?
kako?

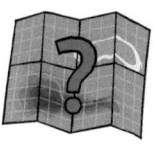

hol?
gdje?

mikor?
kada?

név
ime

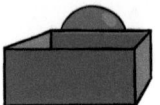

mögött

iza

benne

u

előtte

pred

felette

iznad

rajta

na

alatta

ispod

mellett

pored

között

između

hely

mjesto